AF211029

Frihetsboken II

Handbok för Aktivister

P M Jonsson

Denna bok tillägnas mina älskade döttrar.

© P M Jonsson 2024

Förlag: BoD · Books on Demand, Stockholm, Sverige

Tryck: Libri Plureos GmbH, Hamburg, Tyskland

ISBN: 978-9-1805-7716-8

Innehållsförteckning

Förord

I *Frihetsboken I* beskrivs utförligt alla verktyg som rörelser och individuella frihetskämpar-/aktivister använt genom tiderna. Frihetsboken innehåller 250 artiklar i 23 olika kategorier. Boken skildrar Frihetskämparna, Rörelserna, Händelserna, Företeelserna, Verktygen & Begreppen m.m. Därutöver beskrivs en rad repressiva lagar och statliga åtgärder samt olika företeelser inom frihetskampen som aktivister behöver kunskap omkring, för sitt arbete. Med andra ord belyser boken allt du behöver veta som har med frihetskamp att göra från 1800- till idag.

Frihetsboken I är skriven med flera målgrupper för ögonen. För aktivister som behöver kunskap om traditionen de arbetar inom och vilka verktyg som olika frihetskämpar begagnat sig av. För rörelser som arbetar inom en tradition av kamp för fri- och rättigheter för att få en helhetsbild över vilka medel historiska rörelser använt för att uppnå framgång. Alla aktivister och rörelser som kämpar för mänskliga rättigheter behöver ha läst del 1 av Frihetsboken för att känna till de olika formerna av verktygen som aktivister och rörelser arbetat med samt för att därutöver också äga kunskap om traditionen de arbetar inom.

Frihetsboken II – Handbok för aktivister innehåller därför **_inte_** de praktiska verktygen som aktivister och rörelser kan använda sig av.

Vad innehåller då *Frihetsboken II, Handboken för aktivister?* Del 2 är en fortsättning på del 1. Del 2 fokuserar på allting kring den praktiska delen av aktivistarbetet. De val du behöver göra före du påbörjar kampen och allt du behöver förhålla dig till under din aktivistresa. 50 + kortartiklar som innehåller en rad praktiska tips för vardagen/ privatlivet som gör dig effektiv och fokuserad under kampen.

Handboken för aktivister ger dig både de mentala och de praktiska byggstenar och byggklossar du behöver för att bygga din egen Människorättsförsvarare och Aktivist.

Vem är då jag och vad har jag att bidra med? Jag är Författare, Journalist, Aktivist och Idealist. Jag har även under annat namn gett ut flera böcker men framförallt arbetat med mänskliga rättigheter i en internationell organisation under lång tid. Arbetet har i huvudsak fokuserats på författande av olika publikationer. Det är utefter dessa erfarenheter, att praktiskt ha arbetat under längre tid som människorättsförsvarare, som jag nu vill dela med mig kunskap kring.

Endast genom att praktiskt arbeta med en sak vinner man kunskap om vad som behövs. Så handboken kan sägas vara en bruksanvisning och en genväg till att snabbt komma igång med arbetet samt för att undvika väggupp och förebygga olika former av problem som kommer att uppstå i ditt privatliv under din personliga frihetskamps gång. För antingen du arbetar i en rörelse eller som individ kommer de problem jag tar upp att uppstå. Förr eller senare. I mindre eller större format än jag beskrivit.

Den som tar avstånd från världen omkring sej, den tar också avstånd från sej själv, Dom som förnekar sitt ansvar i världen, dom förnekar dom som är som dom.

Mikael Wiehe

Kontakt: frihetsboken@protonmail.com

Hemsida: https://frihetsbok.wordpress.com

Frihetsboken III: Texter – Motlivstexter & De Vilse-
vandrade:https://bokshop.bod.se/frihetsboken-iii-p-m-
jonsson-9789180576055

Aktivistens Val

Vad är och kännetecknar en människorätts- försvarare/aktivist

Vad är en människorättsförsvarare?

FN beslutade den 9 december 1998 enhälligt att godkänna resolution 53/144 om en deklaration för människorätts-försvarare. Deklarationen har namnet: *Declaration on the Right and Responsibility of Individuals, Groups and Organs of Society to Promote and Protect Universally Recognized Human Rights and Fundamental Freedoms.*

En Människorättsförsvarare eller Människorättsaktivist är enligt FN:s deklaration varje människa som utan våld verkar för skydd och främjande av mänskliga rättigheter och grundläggande friheter. En människorättsförsvarare kan agera ensam eller tillsammans med andra i en organiserad form av tillfällig eller permanent art. De arbetar professionellt eller ideellt på lokal, regional eller nationell nivå.

Deklarationen är *inte* juridiskt bindande för medlems-staterna men kan användas som stöd och verktyg för att sätta politiskt tryck på regeringar som alla är förpliktigade att skydda människorättsförsvarare. Deklarationen förtyd-ligar relevanta rättigheter och skyldigheter som är definie-rade i de internationella konventionerna och är juridiskt bindande.

Länk till deklarationen:
https://www.ohchr.org/sites/default/files/Documents/Issue s/Defenders/Declaration/declaration.pdf

Vad kännetecknar en människorättsförsvarare/-aktivist

För att reda ut vad som kännetecknar en människorätts-försvarare/-aktivist skulle jag vilja börja med att citera Che Guevara: *If you have the capacity to tremble with indignation every time that injustice is committed in the world, then we are comrades.*

Che Guevara pekar här ut den kanske allra viktigaste egenskapen som en försvarare/aktivist behöver, nämligen det totala och ovillkorliga rättspatoset. Om du inte upprörs av orättvisor när du får kunskap om orättfärdigheter, när människor särbehandlas negativt och diskrimineras på grund av en enskild egenskap hos personen/personerna, så är du nog heller inte en människorättsförsvarare. Känslan för vad som är rätt och fel, moraliskt eller juridiskt, är grundläggande för alla människorättsförsvarare. Därutöver även förmågan att känna sig personligt förorättad när orättfärdigheter drabbar andra.

Vidare behöver en total hängivenhet för utsatta grupper eller enskilda personer som behandlas fel. Du måste formligen brinna i ditt inre för saken. Därutöver äga en mycket stark uthållighet. En direkt oförmåga att ge upp trots att motståndet är massivt och kanske obetvingligt och trots att dina medaktivister och närmaste vänner viker sig, tröttnar och slutar.

Besitter du i stort mått de uppräknade egenskaperna så är du en människorättsaktivist, annars tyvärr inte.

Vägval

Varje människa kommer någon gång i sitt liv till ett vägskäl där de tvingas göra ett aktivt val. På grund av personliga omständigheter har de kommit till en punkt där de inte längre bara kan fortsätta på den inslagna vägen, utan måste välja vart de ska gå härnäst. Det är Uppvaknandets och Människoblivandets tid.

De tvingas då välja vilken väg genom livet de vill färdas framöver samtidigt som de väljer vilken sorts varelse de vill vara framdeles. En stor majoritet väljer att böja sig för omständigheterna och väljer den breda allmänna, lättvandrade vägen och de kommer inte att ångra sig och kommer aldrig att se sig tillbaka. De är trygga att vandra den stora massans väg.

Alternativ finnes dock, och det är i given situation att inte överhuvudtaget böja sig för livets omständigheter utan kämpa emot, ta kampen och dessa människor väljer ofelbart att ta strid för sina och andras omständigheter. De väljer därmed motståndets och krigarens väg.

Denna väg är inte allas väg. Denna väg är inte de mångas väg. Denna väg är outsiderns, rebellens, aktivistens och frihetskämpens väg. Det är motståndets väg. Det är ingen enkel väg. Den är smal och går igenom oländiga trakter. Stundom är den närmast oframkomlig. Det kan ta ofantlig tid att bara ta ens några steg framåt, stundom. Ibland måste man helt enkelt slå läger och invänta, avvakta en öppning att gå vidare. Men de som väljer denna vägen är införstådda med förutsättningarna. För den som väljer den smala vägen kunde inte valt den andra vägen. Den var inte deras väg att vandra. Och den som valt den svåra vägen älskar trots all strid och vedermöda sin väg. Deras väg. Och vägen tillbaka är sedan länge sluten. Vägen leder ständigt vidare och bort. Den raderar sig själv medan du går. Du kan inte backa. Alla broar till det förflutna är brända och borta.

Vägen är ensam och mötena få. Det kan hända att något annat vilt slår följe och delar din väg en stund. För det finns inget så vilt att den inte annat vilt förstår och igenkänner. Vild är också vild tillsammans och fri. Men även då, så delar två vägen, men de gör inte samma resa. För varje individ gör sin egen resa om än tillsammans en bit, längs samma långsamma väg.

Oftast är dock vägen en enslig väg där ensamheten är en gåva. Ty uti gåvan finner du tystnaden att tänka och formulera dig. I människobullret på de breda vägarna bor bara låga tankar utan höjd och substans. Här kan du vara bara i dig själv och växa dig större, förmera och förnya dig. Ty längs den smala vägen finns inga tuktade rabatter. Här växer det vilda fritt och oftast fruktsamt.

I det ensliga bor en förunderlig pärla i en förtrollad mussla som sluter sig när de talade orden blir för många. Men den växer gränslöst där tystnaden bor. Och odlar du den länge nog under din vandring kommer du att se den smida sig själv till rättfärdighetens svärd som ingen kan göra våld på och inget kan hejda, då svärdet smitts ifrån frihetskampens hetaste eld. Kommer du nånsin dit har du kommit långt och då är vägen snart slut. Men innan dess väntar verket. Du har precis så mycket tid till förfogande som räcker tills verket är fullbordat.

Att vara aktivist är ett liv, ett livsval

Att vara aktivist är ett val. Ett val för livet. Inget du kan syssla med en tid, lägga undan och sedan gå vidare och börja med något annat. Du har redan då blivit någon annan, en person som inte är densamma som före aktivistarbetet.

Du måste därför noga tänka igenom saken och göra ett aktivt val för livet. Vill du verkligen syssla med aktivism resten av ditt liv?

För ditt aktivistarbete kommer att genomsyra hela ditt liv och gå igen i allt, även i vardagen och i privatlivet. Även när du gör annat kommer dina tankar att upptas och bearbeta aktivist saker. Finna nya lösningar och tänka över problematiska saker i ditt aktivistarbete.

Så tänk mycket noga och omsorgsfullt igenom om aktivism är ditt livsval. Är valet tveksamt, låt det vara tills du är säker innan du tar ett definitivt beslut att ägna dig åt aktivism. Är du inte beredd att offra en hel del av ditt liv för att arbeta med aktivism så gå vidare och gör något annat. Är du däremot helt klar över att du vill vara aktivist för livet så gör ett aktivt val en gång för alla och se därefter aldrig mer bakåt.

Revolution is a serious thing, the most serious thing about a revolutionarys life. When one commits oneself to the struggle, it must be for a lifetime. Angela Davis

Beslutet att bli aktivist

Beslutet att bli aktivist är livsförändrande. Det förändrar allting. Det betyder allt.

Nu kan du börja planera framåt, lägga upp ditt aktivistliv och börja arbetet. Allt eftersom tiden framöver går kommer du att inse att beslutet är världs omkastande för dig. Du kommer att märka att du växer och förändras som människa. Din människosynen kommer att bli annorlunda, mer granskande, eftertänksam och i många fall mer kritisk. Din syn på olika händelser i världen kommer att bli mer flerdimensionellt, Du kommer att placera enskilda händelser i ett större sammanhang och äga ett allt större faktaspektrum att filtrera nya händelser, fakta och forskning igenom, allt eftersom du tillägnar dig mer och djupare fakta.

Så det slutgiltiga beslutet att bli aktivist för livet ändrar i ett enda drag hela ditt livet även om beslutet och för-ändringen långsamt kommer att växa in i dig. Beslutet renodlar ditt liv såväl som din person. Det reducerar på vissa områden livet i och med att du kommer att med tiden börja välja och sortera bort människor från din närhet. Men, det nya livet kommer att växa betydligt i andra delar. Expandera och förstora dig som människa. Du kommer att fångas i kampen. Vilja lära dig om traditionen, den historiska frihetskampen. Ta del av kunskap om personer, rörelser och vilka verktyg de använt i olika skeenden under sin kamp. Hur de arbetade och var organiserade.

Du har funnit en uppgift i livet. Du har antagit den uppgift som nu lever genom dig. Du gör det arbete du måste göra. Det arbete du har valt, vill och kräver av dig själv.

My mama always used to tell me: 'If you can't find
somethin' to live for, you best find somethin' to die for.
Tupac Shakur, amerikansk rappare, 1971-1996

Analysera varför du vill bli aktivist

När du kommit så långt i tänkandet att du gjort ditt livsval och valt att bli aktivist för livet, så återstår en sak som är nog så viktig och helt avgörande.

Du måste nu helt enkelt gå in i dig själv och ta fram ditt motiv till att du vill bli aktivist. Här gäller att du är absolut ärlig med dina avsikter och inte ljuger för dig själv. Ljuger du så kommer det att kosta dig en massa tid, arbete och bekymmer och kommer inte att leda till vad du tror.

Vill du bli aktivist för att bli rik? För att bli känd? För att stå i rampljuset på scen eller i förekomma i TV m.m.? Vill du synas och höras? Vill du få beröm och smicker? Vill du tjäna stora pengar? Kan du svara ja på bara en enda av dessa frågor så lägg ner aktivismen. Du är inte rätt person för du har alldeles fel motiv.

Endast den som vill bli aktivist för att de brinner för rättvisa, för allas jämlikhet oavsett vad och vem de är, samt för alla människors rätt att leva i frihet, har någonsin en chans att orka med arbetet som aktivist. Endast de har rätt motiv.

Aktivister kan genom långvarigt och hårt arbeta visst bli kända, rika, höras, synas, erhålla beröm, priser samt hamna i rampljus och TV. Men det kan aldrig vara deras motiv, deras mål, för då är de ute och reser och kommer inte att orka det slitsamma och hårda arbetet. De flesta aktivister blir vare sig rika eller kända men de är förnöjda och lyckliga med sitt arbete för att de vet att de kämpar för en rättvis och viktig sak. Och det är det som alltid måste vara ledstjärnan, motivet och det viktigaste för en aktivist.

Specialisera och Fokusera ditt arbete på ett bestämt mål!

De som lever för <u>en</u> stor sak är lyckliga. Den som söker denna enda stora sak i ett otal saker, i mångfalden, han blir utnött och trött som jag. Gunnar Ekelöf, Svensk poet

Specialisera dig. Ingen kan vara överallt. Du måste välja område/ämne du vill arbeta med och inom. För du måste vara specialist på ditt ämne. Du måste vara mer insatt, kunnig i ditt ämne än de specialister motparten kan uppbåda, för att vinna kampen och upprätta rättvisa. Du måste läsa in dig på allt i ditt valda ämnesområde. Du har inte råd att bli ställd svarslös exempelvis i en debatt så att motparten framstår som den överlägset kunniga. Det kommer ligga dig i fatet i framtiden och gång på gång tas upp av din motpart för att peka på din okunskap och otill-räcklighet. Misstänkliggöra din kunskapsbas.

Därför, fokusera på ett ämne/område som ligger dig närmast. Gärna ett område där du har egen erfarenhet som exempelvis som att en homosexuell arbetar med HBTQI-frågor eller någon som är kunnig på miljöområdet, arbetar med miljöfrågor. Väljer du ett sådant område har du redan en fördel som aldrig motparten kan uppnå. Du äger insikt genom insyn vilket alltid är en fördel och alltid ska påpekas. Du är vad du slåss för medan motparten oavsett vistande inom kulturen eller pålästhet på området, aldrig kan bli mer än en turist. Du har då också möjlighet att för att bevisa din överlägsna kunskap ställa intrikata frågor som bara de som lever inom kulturen kan veta. När motparten avslöjar sin okunskap så har du redan vunnit slaget och folk lyssnar på dig.

Finns du överallt och ingenstans så gör du nytta där och då i det nuet på kort sikt. Du kommer dock aldrig att åstadkomma något varaktigt och bestående resultat av dina ansträngningar. Det blir aktivism på lågfrekvent nivå. Vill du verkligen åstadkomma något så specialisera dig.

Sätt även upp ett bestämt mål med ditt arbete. Vart du vill komma, vad du vill åstadkomma med din kamp. Upprätta ett antal delmål som är uppnåeliga på kort sikt så du får uppmuntran i arbetet när du uppnår delmålen. Uppmuntran är viktig för den framtida kampen. Belöningar längs vägen.

Så mitt råd till dig är: Välj område/ämne. Välj mål. Välj din bestämning.

Målgrupper – Kort- & Långsiktigt

Nästa val du måste göra rörande dina aktivistaktiviteter är att bestämma vilken grupp av människor du ska rikta ditt arbete emot.

När du inleder ditt arbete behöver du fokusera på två saker. 1. Att sprida information om ditt påbörjade aktivistarbete till dina egna, de redan frälsta, så de kan dela informationen på sociala medier och fler snabbt får kännedom om ditt arbete. 2. Genom delningarna på sociala medier om ditt arbete får de som ekonomist kan tänkas stödja ditt initiativ information och du kan snabbt få resurser till din verksamhet. Du har då börjat nå ut, lagt själva grunden för ditt arbete och inlett bygget av platt-formen för ditt arbete.

När du väl fått ut information kring ditt arbete behöver du byta målgrupp och inrikta arbetet på att nå ut till de icke-frälsta. Allt aktivist arbete har som mål att påverka den stora allmänheten, makthavarna, beslutsfattarna, media, meningsmotståndarna m.fl.. parter. Det är först då du lyckas övertyga de som inte tycker som du, de som inte är som du, som ditt arbete får effekt och långsiktig verkan och du kan förändra något på djupet med ditt arbete. Fräls de ofrälsta och förändra världen!

Ensamarbete eller Grupparbete?

Du har nu tagit ett antal beslut och gjort olika val. Det sista val du måste göra som aktivist är att bestämma om du ska arbeta själv eller i grupp.

Vissa aktivistområden bestämmer sig själv såsom författare och olika former av konstnärer som oftast arbetar enskilt. Andra arbetar med ämnen som kan tänkas lämpa sig bäst för grupparbete men likväl kan även en enskild aktivist med kreativitet och arbetsiver få det att fungera.

Vissa människor älskar att arbeta tillsammans i en grupp. De är sociala och fungerar bättre och blir effektivare om de har människor omkring sig under arbetet. De kan ha behov av att rådfråga andra och umgås under arbetstid medan de äter, fikar, tar kafferast eller har möten.

Jag har under mer än 25 års tid arbetat med mänskliga rättigheter inom en internationell organisation. Mesta delen av mitt arbete har bestått av att författa olika former av artiklar eller skrivelser men även alla former av administrativ och praktisk art har förekommit. Jag har också kommit med många olika former av förslag under tiden som jag presenterat på olika former för omröstning kring. Det stora flertalet av förslag har bifallits och genomförts. Vissa gånger har jag dock självklart blivit nedröstad. Inom all form av arbete i grupp måste de som lagt fram ett förslag som röstats ned därmed helt och fullt ut acceptera majoritetens utslag och istället arbeta med genomförandet av det förslag som antagits.

Ty inom allt rörelsearbete måste du vara helt klar över att

gruppen alltid går före individens vilja. Gruppens betydelse, vikt, är alltid mångfaldigt större än summan av de enskildas betydelse.

Gruppen handlar inte om dig som individ. Det handlar om att se och gemensamt handla för att tillgodose de många förtrampades behov av friheter och rättigheter som de orättfärdigt förvägrats eller fråntagits. Och, inte minst att också äga förmågan att se den större betydelsen i gruppens framgång och därmed inordna sig även om det strider mot egna intressen. Det handlar om att sätta gruppen före individen. Det handlar ytterst om lojalitet och solidaritet med såväl rörelsen som de människor du representerar. Alla de som saknar egen röst!

Vissa människor tycker dock bäst om att arbeta själv. Bestämma själva hur de ska lägga upp arbetet, under vilka tider de ska arbeta och fatta snabba beslut utefter de händelseförlopp som sker under arbetets gång framöver. Välja arbetsmetoder, planera strategier, verkställa beslut utan att behöva ta hänsyn till andra eller behöva foga sig i majoritetsbeslut som kan omkullkasta goda idéer. Du kanske inte heller är bekväm med att arbeta i grupp för att du egentligen innerst inne är en introvert människa, en ensamvarg och har behov av att inte vara alltför social.

Det kan ju även handla om att du inte är intresserad av att arbeta för en sak eller på ett visst sätt som går rakt emot vad du tror på eller exempelvis vad du står för. Då, bör du istället välja att arbeta ensam.

Oavsett vilket eller vilka verktyg du vill använda dig av i ditt aktivism arbete så kan du säkert finna ut arbets-metoder som gör att du kan arbeta självständigt likaväl som i grupp.

Det är bara din fantasi och kreativitet som sätter gränser. Vissa människor tycker helt enkelt bäst om att arbeta i grupp och andra om att arbeta på egen hand. Ingetdera är något fel i. Det är bara så vi människor är. Tänk noga igenom vilken människotyp du är och vilket arbetssätt, enskilt eller i grupp, som passar just dig. Skulle du välja grupparbete så ta kontakt med den rörelse/organisation som arbetar inom det område som du valt att specialisera dig kring.

Välj bort aktiviteter, släkt och vänner som inte ger dig något

När du valt att ägna ditt liv åt att bekämpa orättvisor så måste du börja med att se över ditt livs alla aspekter och städa ut allt och alla som stjäl energi men inte ger dig någonting av värde tillbaka. Du behöver frigöra mer tid åt din kamp och rensa bort allt oväsentligt.

Börja med att se över vilka aktiviteter du har utöver arbetet och eventuellt familjeliv. Ställ frågor till dig själv: Är aktiviteterna verkligen viktiga för dig eller är aktiviteterna något du kan plocka bort? Har aktiviteterna med den kamp du bestämt dig för att utkämpa? Lär du dig något väsentligt du har nytta av i ditt aktivistliv?

När du tänkt över och valt bort oväsentligt så gå vidare och granska din släkt och ditt umgänge. Vilka människor du umgås med ger dig verkligen något och vilka utgör vampyrer och energitjuvar? Var ärlig mot dig själv. Betyder dessa människor mer än den kamp du vill utkämpa? Kan du leva lika bra utan dem och få ut mer av den tid du får över om du avslutar relationen/relationerna?

Släkt eller vänner kvittar lika. Det finns ingenting som säger att man måste umgås med släktingar. Det finns "vänner" som är vampyrer och suger själva musten och blodet ut ur dig samt mentalt tröttar ut dig. Oavsett vad de är, släktingar eller vänner – Tillför eller ger inte umgänget dig något, så städa bort dem ur ditt liv.

För att behålla din trovärdighet är det av största vikt att du noggrant tänker efter vem och vilka du associerar dig med. Står personer i din närhet eller organisationer du är med i eller har samröre med, för saker du inte kan försvara? Många aktivister avfärdas medialt och offentligt på grund av umgänge med personer med tvivelaktigt rykte eller utefter kopplingar till organisationer de inte borde befatta sig med.

Därför, sortera bort personer som skadar ditt arbete och associera dig inte med organisationer med tveksamt rykte. Skadar det dig så skadar det också ditt arbete!

The realest people don't have a lot of friends
Tupac Shakur, rappare från USA, 1971-1996

Aktivistarbetet

Ifrågasätt allt vedertaget

När du inleder ditt arbete som aktivist så börja med att ifrågasätt allt inom ditt arbetsfält. Det finns många vedertagna sanningar som blivit till av en suspekt anledning, med ett riktat syfte och på grund av ständig upprepning.

Men väldigt många av dessa så kallade sanningar saknar all form av fakta- och forskningsbelägg och är därför producerade i en bestämd avsikt. För att bevisa ett större negativt sammanhang eller för att få resurser att arbeta mot utvalda, misshagliga grupper i samhället. När du finner sådana pseudosanningar så börja med att ta fram vad som är fakta, och belägg sanningen med källhänvisningar till fakta- och forskningsrapporter samt forskningsstudier. Skilj därefter ut vad som är myter, legender och direkta lögner. Så har du grunden, fundamentet för ditt arbete framöver.

Arbetspass

Varje människorättsaktivist har olika förutsättningar vad gäller tid för aktivistarbetet. Har du ett jobb inom en rörelse som innebär kontorstid mellan vissa klockslag så har du inte mycket flexibilitet. Du gör ditt pass och därutöver kan du frivilligt jobba så mycket du vill på fritiden med aktivistarbete.

Jobbar du på distans har du en mycket större flexibilitet och kan kanske helt eller till stor del välja arbetstid. Undantaget kan vara exempelvis videosamtal m.m. som sker på fastställda tider då flera ska kunna delta under viss bestämd tid.

Jobbar du ensam hemifrån så har du den största friheten och valmöjligheten. Du kan själv lägga upp tiden du arbetar. Arbetstiden du väljer beror till del på om du är morgon- eller kvällsmänniska. Själv har jag alltid varit extrem kvällsmänniska varför jag sovit länge och lagt det längsta arbetspasset på natten. Jag fann det optimalt då jag alltid varit som piggast och energisk fram på små-timmarna. Då är man också mentalt trött då man lägger sig och somnar fort.

Jag varvade arbetspass med hjärnvila och arbetade 11-13, 14-16 samt 22.30-02.30. Däremellan gjorde jag undan privata ärenden. Läste samt vilade mentalt ut mig. Vad gäller läsning så har jag aldrig känt att det gjort mig trött. Läsning har därför fallit under kategorin hjärnvila. Jag pratar då om skönlitterära texter vilka också innefattar politiska böcker av författaraktivister. Inlärande av utred-ningar, juridiska texter m.m. är däremot av en annan art som tröttar hjärnan och bör därför göras under arbetspassen.

Man kan vara produktiv utan att arbeta mycket. Tre timmar på morgonen, tre timmar på kvällen. Det är min enda regel. Till och med under semestern. Jean-Paul Sartre, fransk författare, existentialismens fader, 1905-1980

Vänster- och högerhandsuppgifter

En enkel metod för att kunna fokusera på det viktigaste och förbli effektiv har jag tillämpat under hela min tid som människorättsförsvarare. Metoden förebygger såväl utbrändhet som frustration och innebär att inte samla arbete på hög. Ju fler saker du har att ta itu med och genomföra, ju mer stressad och frustrerad blir du. Och med frustration minskar din effektivitet drastiskt.

Metoden innebär att du alltid har två komihåglistor. En lista för långtidsprojekt, saker som kan behöva eftertanke eller tar lång tid att bli färdig med. De är högerhandsuppgifter.

Den andra listan ska innehålla alla kortsiktiga uppgifter som kan genomföras snabbt. Dessa är vänsterhandsuppgifter.

Börja varje arbetsdag med att ta itu med de enkla, snabba vänsterhandsuppgifterna. Klara av absolut tvungna telefonsamtal, gå igenom inkomna mejl och besvara dem direkt. Se på din lista med andra kortsiktiga arbetsuppgifter och gör färdigt dem innan du börjar med de långsiktiga högerhandsuppgifterna.

På så sätt samlar du inte på dig ett växande berg med uppgifter som frustrerar, stressar och bränner ut dig.

Välj alltid mejl istället för telefonsamtal

Ett tips för att frigöra en hela massa arbetstimmar är att systematiskt använda mejl istället för telefonsamtal när du behöver ställa frågor eller på andra vis kontakta människor, organisationer eller myndigheter. Under ett år handlar det om hundratals timmar som frigörs för direkt aktivistarbete genom att välja effektivaste arbetsmetod.

Att mejla har också en annan viktig fördel. Du får skriftliga svar som du kan spara och gå tillbaka till samt skriva ut. De svar du får via telefonsamtal kan du aldrig belägga i efter-hand. Ord står emot ord. Men ett mejlsvar är skriftligt och går ej att förneka eller påstå att det aldrig sagts. Det tar dessutom 1-2 minuter att skriva och skicka ett mejl medan alla telefonsamtal tar betydligt längre tid.

Vänner kan du istället ringa på fritid när du inte arbetar som aktivist.

Sträva efter resultat och ej efter perfektionism

Det finns ett ordspråk som diktats av den svenska författaren Alf Henriksson som säger: *Retar du upp dig på bagateller som är små, så är du väl inte större än så.*

När det gäller ditt aktivistarbete är det viktigt att ha med dig detta ordspråk, i bagaget längs vägen. Mycket kommer att distrahera dig som person och leda dig från vägen. Annat kommer att direkt störa dig i ditt arbete. Men är det verkligen så viktigt eller är det bagateller, ogräs blott i vägens dikesvall? Lär dig att känna igen, sortera ut, upp och bort.

Ty mycket i livet är inte av så stor vikt och har noll betydelse för utgången av saker. Tänk efter om saker äger stor vikt och behöver ägnas tid, omsorg samt lösas eller om de är av ingen funktion och helt kan bortses ifrån.

Konstaterar du att saker är av mindre eller av ingen vikt så glöm dom, gå vidare och fokusera på målet och resultatet. För såväl livet som sådant som din aktivistkamp kommer att bestå av saker av både vikt och ovikt. Lär dig att strunta i ovikt och fokusera på saker av vikt. Perfektionism är omöjligt och odrägligt i längden. Bli och förbli alltid resultatfixerad!

Klarhet och Konkretion i tal och skrift

Idag talar politiker och maktens figurer ofta i långa tal där allmänna värden trycks på men som inte innehåller ett enda konkret förslag för att förverkliga visionerna. Samma människor skriver lika långa och menlösa artiklar som bara understryker vikten av vissa självklara värden och värderingar som alla människor delar. Det är ordmassor utan värde och funktion för att förvilla åhöraren att tro att de faktiskt har något att komma med, vilket de inte har.

Så här kan det låta i tal och skrift när höjdare uttalar sig: *Demokrati är viktigt. Vi måste göra någonting åt brottsligheten. Skolan måste förbättras. Vår försvarsförmåga måste höjas. Eltillgången måste säkras. Bensin- och matpriserna måste ner.*

Självklart är det så. Ingen vill avskaffa demokratin (åtminstone inte offentligt). Alla vill självklart vi ska ha el så vi kan värma våra hus och leva i ljus istället för i mörker osv.

Höjdarna pratar således för pratandets skull och för att synas, höras och bli omskrivna i media och sociala medier. De har överhuvudtaget inga recept och inga förslag att komma med för att förbättra situationen. De är tomma tunnor som skramlar på tomgång.

Var därför istället alltid klar och konkret både i vad du säger och skriver. Prata inte tomt. Prata alltid konkret innehåll. Låt ditt tal och din skrift vara så glasklar att ett barn kan förstå vad du säger. Låt ditt tal och din skrift alltid äga substans och inte bara vara allmängiltiga.

Bli känd för att när du skriver i ett ärende/ämne alltid ha konkreta förslag eller lösningar att lägga fram, för att förbättra villkoren/situationen. Du vinner då stort förtroende bland folk som ser att du i motsats till makten faktiskt har något att komma med.

I Aleksander Solzjenitsyns bok *Cancerkliniken* säger en av karaktärerna följande: *Kamrater, för att värma upp ett glas vatten genom tal behöver man tala tyst i tvåtusen år eller skrika högt i sjuttiofem år. Detta om man tänker sig att värmen inte förflyktigas från glaset. Av detta kan ni lära er vad det är för glädje med prat.*

Lägg detta citat på minnet och ha det som ledstjärna för ditt aktivistarbete.

Var alltid äkta och dig själv!

Mikael Wiehe skrev en gång i tiden *Teaterlåten* som handlar om att göra succé genom att vara som man inte är.

För skådespelare på film och teater är det ju själva saken att spela en roll och i rollen vara som personen själv inte är. Men det är en roll de går in i och har inget med livet att göra.

I aktivistlivet är det istället av största vikt att vara sig själv, vara äkta och inte framstå eller ge en bild av att vara något man inte är. Falskhet genomskådas snabbt av åhörarna och sen kommer du för alltid att framstå som icke trovärdig. Och mister man sin trovärdighet är det väldigt svårt, för att inte säga omöjligt, att nånsin vinna tillbaka den.

Så var alltid ärlig. Var alltid dig själv. Var äkta och genuin. Ingen älskar en copycat, en coverperson.

Arbeta istället bort allt som är tillgjort, konstgjort och konstlat. Åhörarna vill ha dig precis som du är. De vill ha det naturliga. Med alla fel och brister. Det är det äkta dom tycker om dig för. Lämna gärna ut någon bit av dig själv genom att anknyta till saker i ditt privatliv. Folk gillar igenkänningsfaktorn. Att du är som dom. Att du kunde vara dom. Och att vara fri är att våga vara just den man är med fel och brister precis som andra, men därutöver även har förtjänster.

Bli heller aldrig en av de många. En simpel kopia av någon annan. Bygg inte din aktivist med lånta fjädrar. Bygg med nya idéer och infall. Ju mer äkta originalitet du kan uppvisa ju mer kan du gå hem bland dina åhörare. Så, försök inte bli populär genom att vara som du inte är!

Lev som du lär

Det finns ett ordspråk som säger att barn gör inte som du säger, utan som du gör. Detta ordspråk gäller också för alla som arbetar som människorättsförsvarare. Du måste leva som du lär, privat såväl som offentligt, annars urholkar du ditt förtroende från dina följare, medkämpar och i än högre grad från dina meningsmotståndare

Sara Lidman, författare 1923-2004, uttryckte saken enligt följande: *Liv och livsåskådning måste följas åt. När de två gått isär är man meningslös.*

Ditt politiska medvetande måste vara ett och detsamma som din personlighet i annat fall kommer du att genomskådas och avslöjas som en wannabe, en simpel imitatör och efterapare. Du blir som många kristna som bara plockar fram och dammar av sin Gud och Jesus på söndagen. En hycklare när du istället måste vara en *Keep it real* människa.

Så om du inte kan leva som du lär, utefter dina uttalade och offentliga föresatser, så förändra ditt liv eller lägg ner ditt arbete, för du kommer inte vinna förtroende för din sak. Saken är helt enkelt förlorad för din del. Du får inget förtroende och du ödslar din energi på ditt dåliga samvete, som i sin tur gör dig stridsoduglig.

Moral

Varje människa vet inom sig vad som är rätt eller fel. Handla alltid efter din känsla och överträd aldrig denna osynliga gräns, för det kommer att slå hårt tillbaka på dig.

Fiffla aldrig eller gör andra fel som må vara lagliga men likväl är omoraliska. Du kommer att granskas i sömmarna när du är aktivist. Både vad avser ditt levnadssätt som dina gärningar. I det förflutna såväl som i nutid.

Varje sak du gör som kan betecknas som omoraliskt, felaktigt eller brottsligt kommer att plockas fram och kastas i ansiktet på dig. Det kommer att användas emot dig och få folk att ifrågasätta även ditt arbete och dina åsikter. Är du aktiv inom en organisation drabbas organisationen i samma mån som du själv gör. Det du gör slår tillbaka på organisationens tillförlitlighet

Så börja tänk och lev som du lär och gör ingenting som du inte kan stå för eller som kan slå tillbaka på dig.

Medgångar

Gläd dig och fira medgångar. De är punkter, delmål av uppmuntran som alla behöver i sitt arbete. Så stanna upp, ta in dem och fira. Det är helt naturligt och ett behövligt avbrott i arbetet.

Människor jobbar över hela världen för mänskliga rättigheter och ibland nås stora genombrott som berör inte bara de som specifikt arbetade med saken utan alla av den kategorin människor. Inte bara i aktuellt land utan många gånger för folk och aktivister i hela världen. För människor som arbetar med aktivism är genom arbetet förbundna med människor över hela världen och deras framgång är en framgång också för dig. Ibland kan du vinna kunskap av andras framgångar i arbetet, andra gånger fyller det dej med glädje. Frihetskampen är densamma med samma inslag över hela världen. Segrar de, vinner de också frihetens seger för dig.

Så låt såväl egna som andras framgångar stärka dig i kampen. Låt dem styrka dig både som person såväl som i ditt arbete i och påvisa att segern är möjlig. Kan de, kan du! Så, bygger du dig stark och än mer motståndskraftig mot nederlag, när du firar också andras segrar.

Förhäv dig dock aldrig vid framgångar. Gläd dig, stärk dig och fira men behåll fötterna på jorden och bli inte stor, mallig eller tro dig förmer. För kriget är inte vunnit. Det är en andningspaus på vägen. Du har kommit till en glänta och vilar där i frid, öppnar en flaska vin och betänker vad segern innebär för framtiden och går därefter vidare.

Vi är människor i världen, Vi har förbundna överallt,

41

Kampen för vår frihet är samma kamp som deras.
Segrarna dom vinner, befriar också oss. Mikael Wiehe

Motgångar

Ingen aktivist eller människorättsförsvarare kan undvika motgångar. De kan vara små eller de kan vara gigantiska. Hur du tacklar dom och hur mentalt förberedd du är när de kommer, är avgörande. Du måste stålsätta dig i förväg och vara förberedd på motgångar under vägen.

Ger du upp, var du kanske helt enkelt inte rätt människa att vara aktivist. För ingen har någonsin sagt att det skulle vara lätt eller gå fort att förändra världen. Det är i regel ett livstidsarbete och du kommer att förlora slag på vägen, många slag. Ha alltid i minnet att det är inte den som vinner det första slaget, de flesta slagen eller ens det största slaget. Det är den som vinner det sista slaget som vinner kriget. Oavsett om de förlorat en hel rad slag längs vägen.

Så var beredd från början på en stenhård kamp där du kommer att mötas av stora motgångar innan du har vunnit. Se kampen som ett skyttegravskrig där du får slåss centimeter för centimeter, meter för meter för att ta dig framåt. Den som har störst hängivenhet och uthållighet över tid är den som kommer att stå som segrare i den sista striden. Inget annat gäller.

Framgång är förmågan att gå från ett misslyckande till nästa utan att förlora entusiasmen. Winston Churchill

Lär av dina motgångar

Tupac (2Pac) Shakur, amerikansk rappare, 1971-1996 uttalade följande: *Trust me I never lose. Either I win or learn from it.*

Just så är det och just så måste du resonera kring motgångar, om du ska orka kampen. Hade aktivism varit enkelt och motståndslöst så hade varje syltrygg varit aktivist för att vinna sina 15 minutes of fame. De hade då varit aktivister för att bli kändisar, tjäna pengar och synas.

Men så är inte fallet för verkliga aktivister. De tar varje motgångar som en lärdom och analyserar noggrant vad som gjorde att de förlorade.

För ur varje förlust växer nya tankesätt fram. Du finner nya strategier och verktyg. Du når insikt om varför du förlorar och skärper och justerar över tid vilka argument, juridiska eller verbala, du ska använda för att vända nederlaget till seger i nästa batalj. Å till slut efter ett ovisst antal nederlag har din kunskap kring kampens innersta essens, instrument, verktyg och argument medfört att du nu har alla argument och verktyg du behöver för att du vinna krigets sista slag och förändra världen och verkligheten.

Så det är av nederlagen och inte segrarna du utvinner de vapen du behöver för att vinna kriget.

Media – intervjuer, debatter, artiklar

När det kommer till offentliga framträdanden i TV, Radio samt poddar, vloggar m.m. kan du aldrig vara nog försiktig. Allt kan klippas och göras utdrag ur, ord kan tas ur sitt sammanhang och dina svar kan redigeras i avsikt att misskreditera dig.

Vid alla förfrågningar från media om medverkan så inled att fråga om syftet med programmet och vem som står bakom programmet. Vid förfrågningar om intervjuer så begär alltid att få frågorna i förväg för att kunna tänka efter hur frågorna ska besvaras. Kan frågorna inte sändas till dig i förväg bör du noga överväga om du vill medverka. Du måste då granska vad det är för mediekanal och vad kanalen och programmet kan tänkas ha för uppsåt med sändningen.

Ställs frågor i programmet, utanför uppgjord frågelista, så svara med "Inga kommentarer" om du känner att vägen leder fram över minerad mark och att din person kan komma att ställas under angrepp.

Vid alltför närgångna frågor om ditt privatliv så besvara även sådana frågorna med "Inga kommentarer" alternativt förklara att du är inbjuden som gäst för att svara på frågor kring din aktivism/yrke och ingenting annat.

Vid debatter begär uppgifter om ämnesvalen samt vilka dina opponenter är samt syftet med debatten.

Vid artiklar fråga om vad syftet med begäran om artikeln är. Kräv att din artikel ska publiceras i sin helhet och kräv att du får ta del av korrekturet för godkännande före publiceringen.

Begär vid såväl offentliga framträdanden, debatter eller artiklar sedvanligt arvode samt betalt för kostnader som resa, mat och logi. Begär du högre än så kan din idealism ifrågasättas och påståenden om att du bara arbetar för pengar resas och användas emot dig.

Rekreation/Återhämtning

Att vara aktiv aktivist är stundom mentalt uttröttande. Du behöver varva perioder med hårt aktivistarbetet med perioder av rekreation och återhämtning för att inte bli utbränd i längden. Du behöver stundom växla ner till mental lättja. Ett aktivistarbete är ämnat att vara för alltid varför du måste lägga in och rentav planera perioder av inaktivitet och vila.

Hur återhämtar jag mig då bäst och laddar ånyo upp batterierna så jag kan återuppta arbetet? Hur lång tid behöver jag för återhämtning? Det finns inga allmängiltiga svar på någon av dessa frågor. Var och en får känna efter när lust och krafter återvänder och när man ska återstarta arbetet. Du får helt enkelt lära känna just din kropp och din hjärna så du vet när kropp och hjärna behöver vila och hur länge de behöver vila.

Vad avser återhämtnings- eller rekreationsmetoder är de också högst personliga. Enkelt uttryckt gör saker som just du älskar och använd metoder som fungerar för dig personligen. Jag ska räkna upp några exempel som jag vet kollegor till mig eller jag själv använt.

- Läsning, förslagsvis av författare som själv är aktivister
- Lyssna på kamp- och protestsånger
- Ströva långsamt i skogen och ta in stillheten, tystnaden och friden
- Åk till havet och gå längs stranden eller blunda, vila och ta in havsbruset tills du försvinner in i det.
- Använd tättslutande hörlurar och låt världen tona bort helt.

- Släck allt ljus utom ett brinnande stearinljus. Stäng av alla dina tanker. Se stint in i ljuslågan tills allting försvinner och blir lugn. Du försvinner bort in i något annat. Du förlorar och glömmer ditt självt.
- Blunda och vila

Detta är bara några exempel på vad du kan välja som rekreationsmetoder. Du kan säkert själv hitta på egna och mer personlighetsanpassade metoder utefter vad du gillar att göra. Det enda viktiga är att du finner vila och frid inom dig själv.

Every time I'm inte woods I fell like I'm in church
Pete Seeger, amerikansk protestsångare och låtskrivare, 1919-2014

Ledighet/Semester

Vi människor är olika. Vissa människor kan arbeta året om, varje dag utan behov av ledighet och semester, Andra behöver ledig tid för att låta hjärnan återhämta sig, bli pigg igen och komma med nya idéer. Det finns inget rätt eller fel när man är aktivist. Behöver du en ledig dag, vecka eller en fyra veckors semester under sommaren, så ta det!

De som skriver ihärdigt och tröttar hjärnan med att dagligen skriva kan behöva mer hjärnvila än de som exempelvis gör mer fotbetonat aktivistarbete.

Lyssna på din kropp och följ den. Ingen har glädje av att du går in i väggen och kanske inte kan prestera alls under väldigt lång tid. Ta dig tid, ta dig egentid! Det är en investering i dig själv och ditt arbete.

Om du lever på det sätt du vill blir hela begreppet semester någonting irrelevant. John Irving

Idétorka/Skrivkramp

Aktivistarbete kan ses som ett slags platåarbete. Du jobbar på en platå och när du är färdig med en viss eller vissa arbetsuppgifter är du redo att ta arbetet upp till en ny nivå av allvar. Du tar då ett steg upp till en ny platå och inleder arbetet på den nya, högre nivån. Men ibland fungerar det bara inte så mekaniskt.

Författare, och även ibland journalister, är kända för att under delar av sin karriär drabbas av skrivkramp då deras arbete helt enkelt går i stå. Det tar stopp. Det kommer inga nya idéer och dokumentet de har framför sig fylls inte längre med ord. För andra aktivister så handlar det om att arbetet avstannar helt eller delvis för att det helt enkelt saknas nya idéer och arbetet går på rutin. De gör vad som behöver göras i verksamheten men under en period går det inte framåt utan de stampar på samma fläck.

Ta det lugnt och fortsätt med rutinarbetet och arbetet kring vad du egentligen arbetar med. Det kommer nya uppslag. Din hjärna arbetar även när du sysslar med vardags- och rutinuppgifter. Efter en period har hjärnan bearbetat den information den har till förfogande och förser dig med nya idéer och infallsvinklar. Det tomma dokumentet framför dig får liv igen och fylls med text. Så länge du inte själv låter dig påverkas negativt mentalt av idétorkan eller skrivkrampen så är stiltje vanligt förekommande för alla som arbetar kreativt med aktivism, konst m.m. Det är ett naturligt fenomen och inget att bry sig om. Allt kommer i vågor och kommer igång igen även om det är segt en period.

Författaren Erica Jong har beskrivit problematiken bäst

av alla när hon uttalade: *Du håller bara på att lägga in en ny växel eller ligger du i träda för nästa större blomning. Konst är inte något mekaniskt, det är organiskt. Man kan inte producera på samma sätt som en fabrik spottar fram skruvar och muttrar.*

Find purpose. The means will follow Mahatma Ghandi

Stillhet och tystnad talar – Låt vägen komma till dig

Låt dina fötter stillna, låt inte ditt sinne förtröttas. Ibland måste du stanna för att invänta din själ. Läka dina krigssår. Smälta dina upplevelser. Omgruppera och analysera. Förstå ditt nästa mål och skönja vägen dit.

Ty det finns saker du kan förstå endast i vila, tystnad, ensamhet och isolering. När själen kommit ikapp ser du åter vägen. Vägen kommer till dig när det är dags, när du vet ditt nya delmål. Vägen måste bara veta sin destination för att kunna ge väg.

Tro och du kan försätta berg

Tron kan försätta berg, men tvivlet kan ställa tillbaka det igen.

Mark Twain, amerikansk författare:, 1835-1910 sade en gång: *De visste inte att det var omöjligt, så de gjorde det.*

När du väl bestämt dig för att arbeta aktivt för att förbättra världen så måste du stå fast. Ty för att kunna försätta berg, förändra och förbättra världen kan du aldrig tveka. Börjar du tvivla så sås tvivlet och sådant tvivel växer inte bara inom dig själv utom även bland de du arbetar med. Tvivlet får aldrig tillåtas slå rot och gro, du måste grabba det vid första tillväxten och dra upp det med roten. Omedelbart och akta noga för ny tillväxt.

För du är själv ditt eget fängelse. Du är din egen burfågel. Din hjärna begränsar ditt utrymme. Din tro på din förmåga och vad du kan tänkas åstadkomma. Låt dig aldrig begränsas.

Det gör ont när vingar växer ut. Det gör ont när ben knäcks och formas om. Men det gör än mer ont att förbli marklevande och vingklippt, begränsad till fångenskap och burliv. Att aldrig ha nått sin fulla potential. Levande, utan att blomma ut till fågel.

Så, vet att du är vildfågeln. Du har vingarna du behöver för att flyga. Stanna inte i buren. Lev inte på marken när du kan fälla ut dina vingar och flyga! Du duger lika bra som nån annan. Du kan. Det är möjligt! Låt aldrig tvivlet vinna. Bli aldrig en marklevande, vingklippt tamfågel.

Varje droppe aktivistarbete är viktig

Alla människor inklusive aktivister känner sig ibland misslyckade och tycker att det han/hon gör inte har någon betydelse utan är bortkastad tid. Så är aldrig fallet.

Det vi gör som aktivister kan ibland kännas som det bara är en droppe i havet av allt som behöver göras för att världen ska bli en mänsklig plats. Och, visst är det så. Arbetet är oändligt! Men, vi är också oändligt många som gör arbetet och som dag efter dag fyller på havet med våra droppar.

Oändligt många droppar tillkommer så i havet varje dag på grund av enskilda aktivister och på grund av organisationer som arbetar för att förbättra världen och förbättra människors levnadsförhållanden på många olika vis.

Därför kan ingen droppe någonsin vara betydelselös. Havet består av droppar och varje liten droppe har betydelse för havet och de droppar du tillför dagligen, under hela ditt aktivistliv, skulle aldrig funnits där utan ditt enskilda bidrag. Utan ditt bidrag skulle havet vara mindre och kampen för förbättrade mänskliga rättigheter vara än mer fjärran från den nivå havet behöver för att svämma över och förändra världen.

Så känn förtröstan. Du är en del av en världsomspännande aktiviströrelse som dagligen fyller ut havet, får havet att växa. Om var gör sitt, så gör jag mitt.

Liksom en damm som är bräddfull så räcker det till slut med en enda droppe till för att dammen ska sprängas, ge vika och välla ut över världen. Det kan vara just din droppe som spränger dammen och förändrar världen. Glöm aldrig det!

Det är så lite en människa kan göra. Det är så lite en människa förmår. Men om mänskan vill kalla sej mänska, får hon göra det lilla ändå Mikael Wiehe

Det vi gör kanske verkar som en droppe i havet, men den droppen kommer alltid att finnas där och utan den skulle havet vara mindre Moder Theresas moder

AktivismSamarbete

En aktivist är lojal mot folket och mänskligheten

I många former av frågor, ämnen och ärenden kolliderar statens och folkets intressen. Flertalet stater har ett alltmer stigande intresse av att inskränka lagar, friheter och rättigheter i avsikt att kunna övervaka medborgarna alltmer. Ofta handlar det om integritetskränkningar såsom ökad möjlighet till kroppsvisitation och husrannsakningar i fordon eller bostad. Fler exempel är dataavläsning av folks mobiler och datorer på distans samt inskränkningar i yttrandefriheten som i Sverige med den så kallade *Utlandsspionlagen* som drastiskt inskränker möjligheten att skriva om andra länders inskränkningar av fri- och rättigheter för medborgarna. Allt i ett syfte att inte försvåra Sveriges utrikespolitik med att svensk media och författare skriver sanningen kring olika länders behandling av sina medborgarna.

Därför kan aldrig en aktivist, eller en skriftställare av vilken art vara må, blint stödja det egna landets politik. *En aktivist måste stå fri, för att kunna handla fritt.*

Jag är själv politiskt såväl som ekonomiskt helt obunden. Jag driver Frihetsbokens hemsida och skriver *Frihetsboken* I-V utan några som helst ekonomiska bidrag. Och skulle jag erbjudas gåvor eller donationer skulle jag endast acceptera donationer från privatpersoner och icke-statliga organisationer. Och donationer skulle endast godtas under förutsättningen att inga som helst motkrav ställdes.

En människorättsaktivist måste tvunget stå fri och obunden såväl politiskt som ekonomist för att behålla sin självständighet och därvid sin trovärdighet i arbetet.

57

För en människorättsförsvarare/-aktivist känner inga landsgränser. Man är världsmedborgare och kämpar för fri- och rättigheter på en global basis. Du måste under sådana omständigheter ha helt fria händer att ta strid mot och kritisera alla länder och system som inte upprätthåller de medborgerliga eller mänskliga rättigheterna.

Din lojalitet som människorättsaktivist måste vara riktad mot folket, mot mänskligheten och aldrig emot ett land. Du är obrottsligt lojal mot en sak som är större än dig själv - Alla människors rätt till alla mänskliga fri och rättigheter!

Ställ aldrig grupp mot grupp

En grundläggande regel inom all form av aktivistarbete är att aldrig ställa en grupp emot en annan. Allt aktivistarbete kan sägas vara ihopkopplat över världen. Det finns en oskriven regel mellan aktivister och olika grupper som arbetar för mänskliga rättigheter att aldrig skjuta över skuld och ansvar på andra grupper för att vinna mark och mer stöd för eget arbete. Då vältrar ju du bara över stigmatisering och skuldbeläggande på en annan grupp istället för din egen. Var och en grupp måste vinna sin egen frihet genom att bevisa sin egen skuldfrihet och inget annat.

Så du kan inte vinna verklig frihet för din sak eller ditt folk genom att minska friheten för en annan grupp. För om en grupp mister friheten förlorar alla friheten och en aktivist måste alltid arbeta för att öka den sammanlagda friheten i världen.

Human rights are universal and indivisible. Human freedom is also indivisible: if it is denied to anyone in the world, it is therefore denied, indirectly, to all people. This is why we cannot remain silent in the face of evil or violence; silence merely encourages them. Vaclav Havel

Aktivera människor av olika kön och yrken

Män och kvinnor är varandras jämlikar. Men aldrig lika – för vi är olika. Det finns skillnader. Och det är just skillnaderna som gör skillnad, förmerar värdet, berikar samtalen och skapar nya lösningar, infallsvinklar och perspektiv på gamla problem. För när kvinnor och män verkligen lyssnar på varandra och arbetar tillsammans mot ett gemensamt mål blir vi mer och långt större än bara summan av man och kvinna tillsammans.

Därför är det av största vikt att involvera såväl kvinnor som män i all aktivism och aktivt arbete för mänskliga rättigheter. Tillsammans kan vi åstadkomma under och förändringar där vart ett kön ensamma står stilla och stampar samma fläck.

På samma sätt är det viktigt att ta in personer från olika yrken och samhällsskikt för att berika kampen och se saker från annat och olika håll. Så länge människor brinner för samma sak är det oviktigt vad de har för bakgrund. I kampen behövs alla människor med alla former av kompetens. Vi berikar och kompletterar varandra och det är den samlade kunskapen vi kan ställa upp med i kampen som i slutänden blir avgörande i striden för mänskliga rättigheter.

Sök samarbete med andra aktivistorganisationer

Många aktivister är ensamarbetare och då berör detta avsnittet er knappast alls. Så kan fallet vara om man arbetar exempelvis som journalist eller författare m.fl. Andra aktivister jobbar inom organisationer och bör då ta del av avsnittet och betänka dess slutsatser.

Organisationer arbetar oftast självständigt utan att försöka utöka sin slagstyrka genom att samarbeta med andra organisationer. Detta trots det faktum att ju fler som jobbar mot samma mål ju större styrka och genomslagskraft.

Många organisationer driver dock liknande ärenden och frågor och skulle kunna nå betydligt fler om de i intresse-gemensamma frågor gick samman för påverkansarbete. Men så görs sällan.

Personligen anser jag att det borde bildas en central samarbetsorganisation för alla organisationer som arbetar med frågor kring olika former av mänskliga rättigheter. Utbyte av information, konferenser, presskonferenser, gränsöverskridande arbetsgrupper, utbyte av idéer, skapandet av mellanmänskliga kontakter, nya infalls-vinklar byggda på olika organisationers erfarenheter samt nya grepp och arbetsmetoder. Olika organisationer borde även gå samman för att driva juridiska ärenden och utbyta information kring liknande rättsfall. Ja, utbyte och sam-arbete under alla dessa punkter kunde ge mycket bättre resultat än när var och en rörelse arbetar för sig.

Fördelarna med samarbete överväger sålunda betydligt nackdelarna och organisationerna arbetar ju trots allt alli-hopa för en bättre och humanare värld. Genom att olika former av människorättsgrupper samarbetar kan de även rikta tunga petitioner till myndigheter. Styrkan i om inte en utan istället 10 olika organisationer samtidigt ställer samma krav kan inte förringas. Krafterna bakom sådana petitioner kan helt enkelt inte bara viftas undan och bortses ifrån då det kommer att få stor medieuppmärksamhet. Med samma expanderade tyngd kan flera centralorganisationer föra grupptalan mot en stat i frågor som exempelvis rör inskränkande av yttrandefriheten eller upprätthållande av mänskliga fri- och rättigheter.

Så om du jobbar inom en organisation och finner uppslaget till nytta så verka för ökat externt samarbete mellan olika organisationer.

Nätverksaktivism

När man genomläser *Frihetsboken I* slåss man av det faktum att nästan allt kan användas som verktyg i en kamp för frihet och rättigheter. En bild (ett foto), en målning, en text, en sång är alla högeffektiva vapen som talar direkt till åhöraren, betraktaren och folket.

Det som behövs är intressebaserade Nätverk, där kraften av en bild, en målning, en sång, en text mångfaldigas genom publiceringen och i förlängningen spridandet av budskapet från de många som läser och tar del av materialet via delande på sociala medier och/eller på en hemsida. En sorts aktivisternas gerillagrupp för samordnade aktioner.

Gå i samman i lösa Nätverk för en bestämd sak – sätt upp hemsidor, Facebookgrupper, Instagramgrupper m.m. och sprid era vapen över världen på nolltid. Sätt upp konton på mynewsdesk.com och använd er av vapnet mejllistor och få era vapen spridda till media och journalister över hela världen i samma sekund som publiceringen. Inga styrelser, möten, föreningar m.m. är nödvändigt. Var och en bidrar med vad just den kan skapa i ämnet och laddar upp bilder, målningar, texter och sånger på egen hand på de gemensamma kontona och når via delningar ut över hela världen. Även mindre handlingar såsom Otto och Elise Hampels handling (se filmen Alone in Berlin) att skriva upproriska vykort med text riktade mot Naziregimen, och lägga ut på offentliga platser för att hittas och förhoppningsvis sändas vidare kan göra stor skillnad om folk följer uppmaningen. Det som kan tyckas vara en symbolhandling kan ibland spridas som en ohejdbar orkan. Så allt motstånd är av godo oavsett storlek och verktyg. Inga verktyg är för små och ineffektiva.

Stöd alltid andra aktivister! Sök kontakter inom det världsomspännande nätverket!

Att arbeta som aktivist innebär per automatik att du tillhör ett världsomspännande nätverk av aktivister. Den svenska författaren Sara Lidman uttryckte saken som följer: *Man hittar sina syskon överallt i världen.*

Även om du arbetar enskilt, utan kontakt med andra i ditt aktivistarbete finns nätverket alltid där för dig att söka upp. Du kanske inte behöver det för närvarande. Men förr eller senare vill du kanske ha kontakt med någon för att dryfta vissa spörsmål som bara en person som arbetar med samma sak kan förklara eller ge vägledning kring. Du kanske behöver någon eller några för att lösa ett nyuppkommet problem i verksamheten. Någon att diskutera och utbyta erfarenheter med eller få förnyad inspiration ifrån. Oavsett anledning så kan du hitta personer som är som dig, som arbetar inom samma fält och har samma erfarenheter som du.

Civil Rights Defenders (CRD) har aktivister över hela världen som medlemmar. Igenom kontakt med dem kan du säkert få tips om vem eller vilka du kan kontakta. Organisationen arrangerar också vartannat år konferensen *Defenders Days* till vilka du kan anmäla dig och träffa olika former av aktivister från hela världen och knyta personliga kontakter med öga mot öga.

Ett världsomspännande nätverk kan ju också användas till att skapa livslånga vänskapsförhållanden med samma sorts människor som du själv. Du kan därmed lättare resa, besöka och studera förhållanden i andra länder samtidigt som du umgås med aktivister på plats.

Se: https://crd.org/sv/defendersdays/om-defenders-days/

Vi är människor i världen, Vi har förbundna överallt. Kampen för vår frihet är samma kamp som deras, Segrarna dom vinner, befriar också oss. ...... Den som tar avstånd från världen omkring sej, den tar också avstånd från sej själv, Dom som förnekar sitt ansvar i världen, dom förnekar dom som är som dom Mikael Wiehe

Privatliv

Partner eller leva ensam?

Förhållanden kan vara mycket fruktsamma om ni båda har samma inställning till ditt arbete och kring vad du står för och vad du är. Ni kan då diskutera ditt arbete och du kan få idéer och influenser från partnern vilket aldrig är fel. Partnern fungerar då som ditt bollplank eller musa. Tänk dock på vilka förtroenden du ger. Du kan utlämna människor som kan komma i fara eller projekt som kan gå om intet om du berättar för vidlyftigt.

Är du sambo eller gift när du går in i ett aktivistarbete har du ju inga valmöjligheter från början kring ditt privatliv. Först om det skulle visa sig att din partner ogillar ditt arbete eller ställer krav på att du ska avsluta din aktivism, exempelvis för att du försummar förhållandet, hamnar du då i en valsituation. I sådant fall får du ställa ditt förhållande mot ditt aktivism arbete. Vilket är viktigast för dig? Vilket ger dig mest? Vilket kan du inte avstå från, är då frågorna du måste ställa dig. En annan lösning kan ju vara att separera. Att ni helt enkelt bor isär och väljer tid för umgänge. Det finns inga generella råd som går att ge för sådana här situationer. Var och en måste själv välja hur den vill lösa problemet med en icke stödjande partner.

En annan situation är om du själv börjar tänka i banor kring att din partner inte ger dig stöd i arbetet. Partnern kanske inte förstår vikten alls av det du gör. Kanske är partnern helt ointresserad av det du finner mest givande i livet och vill prata om och dela med dig kring. Du får då ställa samma frågor som i avsnitt 1 och därefter fatta beslut kring ditt liv.

En ytterligare situation är om du är singel vid början av

ditt aktivistarbete men träffar någon du blir kär i. Du bör ju då prata med personen om ditt aktivistarbete innan ni går vidare i förhållandet och till exempel gifter er, flyttar ihop eller förlovar er. Fråga ut personen ingående om hur personen ser på ditt arbete, om personen kan ge dig den tid du vill lägga på arbetet, har personen något som helst intresse för din aktivism, kommer personen att stödja dig i ditt arbete, uppmuntra dig och kanske rentav fungera som ett värdefullt bollplank för dig som du kan bolla idéer med?

När ni pratat igenom dessa frågeställningar kan du gå till beslut. Du fattar då beslut utefter de svar du har fått efter att du noga övervägt och tänkt igenom personens svar. Svaren ställer du sedan direkt mot ditt intresse av fortsatt aktivism.

Inte heller här finns några givna svar. Bara du kan avgöra vad du vill göra med ditt liv. Vad som är viktigast för dig och därefter prioritera vad du vill. Det är ju bättre att reda ut saker tidigt i ett förhållande och antingen gå vidare eller avsluta relationen tidigt utan alltför svåra efterverkningar. Liksom under redan ingångna förhållanden kan också särboende med umgängestider vara en möjlighet.

Vidare råd kring partnerskap är: Behåll alltid din självständighet. Det går utmärkt att var och en i förhållandet är egna individer och står självständiga i sina delar av livet och att ni delar andra bitar av livet fullt ut och gör saker tillsammans.

Lägg inte upp förhållandet så att du är fortsatt beroende av din partner ifall förhållandet upphör. Att tänka på här är ju ägarförhållanden av bostad och bil men av vikt är också ekonomin i stort.

Satsa således på förhållandet med avsikt att det ska vara för alltid men bygg upp förhållande så att det finns vägar ut om det brister så att ni inte efter ett avslut under längre tid är fortsatt beroende av varandra på olika vis. Sådana lång-samma separationer kommer otvivelaktigt att göra dig frustrerad och ofokuserad i ditt aktivism arbete.

Ensamhet och Isolering

Det finns en inbyggd rädsla hos många människor för att bli och vara ensamma. En rädsla för att bli lämnad utanför kollektivet. Det är vad som ibland kallas flock- eller hjordinstinkt.

Det finns dock även andra människor som istället finner stort värde i ensamhet. Människor som känner att de utvecklas av ensamheten. Stärks och hinner bearbeta sina tankar i ensamheten. Människor som föredrar sällskapet av böcker. Läser och förkovrar sig, utbildar sig på egen hand.

Det finns därutöver människor som helt enkelt isolerar sig, omöjliggör för andra att träffa dem. Författare som hyr avskilt belägna stugor eller hus för att skriva en roman eller annan bok. Människor som behöver ensamhet och tystnad för att inte andra ska bryta deras tankebanor och för att kunna tänka igenom vad de skriver och forma texter.

Vad man trivs med är olika för olika människor men kan också bero på arbetssättet. De aktivister som jobbar med att skriva självständigt är i regel mer benägna för ensamhet och isolering medan de aktivister som arbetar i grupp gör det just för att de är bättre om de arbetar inom ett socialt sammanhang.

Det finns säkert också människor som helt enkelt är periodare, inte olikt alkoholister. Människor som kan arbeta i grupp intensivt en period men därefter behöver ensamhet för att invänta sin själ och nollställa sig mentalt. Det viktigaste att komma ihåg är att det finns inget rätt sätt eller fel. Vi är alla olika med olika behov. Det är allt.

Endast du själv kan komma underfund med vilken typ av människa just du är. Granska dig själv som person och lev och arbeta därefter utefter din personlighet och förutsättningar

Ekonomi

Det finns få saker som kan störa en människas arbete och privatliv så mycket som ekonomiska problem. Se till att få ordning på din ekonomi innan du påbörjar aktivistarbetet. Är du redan aktivist så ordna upp din ekonomi och få mer tid till arbetet och lättare att samla dina tankar och återhämta dig under viloperioder.

Har du redan skulder så börja med att se över dina utgifter och dra ner på allt som inte är livsnödvändigt, speciellt alla löpande utgifter som i regel är snabbast och enklast att påverka.

Gå till banken och försök få hjälp med att slå samman alla smålån till ett enda större lån med lägre ränta. Banker kan i regel ge betydligt lägre ränta på lånen än privata företag eller kreditföretag.

En annan aktör är Kronofogden. Kronofogden kan bevilja skuldsanering alternativt ge dig en avbetalningsplan för din skuld. Skuldsanering beviljas efter ansökan av Kronofogden när dina skulder är så stora att du inte kommer att kunna betala skulden inom överskådlig tid. Du tvingas då leva under existensminimum under 5 år. Efter fem år är skulderna som ingick i skuldsaneringen borta.

I övrigt råder jag varje aktivist att handha sin ekonomi på gammalt vis. Behöver du saker så spara ihop till dem och köp inte saker du inte har råd på kredit. Sök bara lån till bostad och inget annat. Allt annat betalas direkt via kontanter eller bankkort.

Lägg upp en budget. Ta fram ett dokument, på vitt papper

eller via datorn. Indela dokumentet i 12 rutor. 4 rader och 3 kolumner. 1 ruta för varje månad. Skriv in alla fasta utgifter först. Hyra, lån, el, mobil- TV-abonnemang, arbetsresor m.m. som betalas med fast summa varje månad. Skriv därefter in alla andra kostnader som betalas 1 gång per kvartal exempelvis samt de som betalas årligen som besiktning, hemförsäkring, fordonsförsäkring, fordonsskatt m.m. Se till att alla sådana utgifter skrivs under den månad de förfaller till betalning. Lägg därtill en kostnad för hushållsutgifter varje månad. Vet du inte hur stor kostnaden är så skriv ner och räkna ihop under en månad vad du köpt in såsom mat, hushållspapper, blöjor etc. så du får fram en månadskostnad.

När du kommit så långt så addera summorna för varje månad. Vissa månader kommer att vara betydligt dyrare än andra vilket är bra att veta för planeringen. Du kan också lägga ihop de olika delsummorna och se vad var och en sak kostar under ett år och om det är något du kan behöva dra ner på. Jämför dina kostnader per månad med vad du får in per månad så ser du utrymme för övriga löpande kostnader som för alkohol, cigaretter, nöjen, träning m.m. Du har nu genom den upprättade budgeten skapat ett verktyg där du kan börja hantera ekonomin. Förändra vissa utgifter, dra ner på andra saker som inte är månatliga utan faller under fritidsintressen- och nöjen m.m. Genom att skapa en harmonisk ekonomi mår du bättre och kan sköta ditt liv och skapa mer tid för ditt aktivism arbete.

Sexualitet

En helt annan sak som aldrig brukar tas upp i samband med arbetet som aktivist är sexualiteten. Ett ämne lika förbisett som översett. Och, likväl är sexualiteten en väldigt viktig bit för att behålla fokus och för att undvika frustration som inverkar negativt på ens arbetes kvalité. Du blir helt enkelt effektivare och mer fokuserad om du tar hand om din sexualitet.

Antingen du lever ensam eller har en partner behöver du njutning och framför allt utlösning med jämna mellanrum. Sexuellt nöjda människor är effektivare och mer fokuserade. Vid orgasm utsöndras endorfiner som direkt dödar sexuell frustration samtidigt som du blir mer avslappnad, nöjd och lustfylld. Orgasmen är helt enkelt livsbejakande.

Ta reda på din ultimata utlösnings-/orgasmintervall och se till att du får utlösning inom intervallet. Intervallen är högst personliga. Vissa kan behöva utlösning tämligen ofta medan andra kan gå betydligt längre tid innan de blir sexuellt frustrerade. Perioden är helt personlig och inget att vare sig hänga upp sig på, skryta med eller skämmas över. Det är helt naturligt att ha olika sexuella behov.

Har du en partner så informera partnern om ditt behov och varför. Är inte partnern villig att följa din sexuella behovskurva så lös det med onani. Med eller utan sexuellt hjälpmedel beroende på hur enkelt eller svårt du har för att nå utlösning.

Är du ensamstående så ordnar du saken själv antingen via sexuella förbindelser, med sexuella hjälpmedel eller med onani. Se bara till att följa ditt personliga orgasmintervall.

Angiveri och obrottslig lojalitet

En angivare/tjallare är den lägsta formen av liv människan känner till. I samma kategori ingår även strejkbrytare. Ta direkt avstånd och avstå alla kontakter med denna människotyp.

Var alltid obrottsligt lojal utåt mot alla andra aktivister. Är det något du ogillar eller hänger upp dig på vad gäller uppträdande, privatliv, åsikter, levnadssätt så ta aldrig saken offentligt. Prata med personen mellan fyra ögon, eller per mejl om distansen mellan er är väldigt lång, och uppvisa en enad fasad utåt. Offentlig kritik skadar saken ni arbetar för. Det kan ställa till med irreparabla skador och få konsekvenser långt utöver vad som går att förutse.

Förlåt aldrig de som sviker moraliskt

Den breda vägen existerar för att du ska kunna kan lämpa av alla de som sviker och förråder dig på den vägen.

Utdrag ur text från *Frihetsboken III*: *Terapeuten pratade om vikten av att förlåta för att kunna gå vidare och må bra. Jag sade att jag kommer aldrig att förlåta det svinet som knäckte alla mina revben och slog ut mina tänder. Han är ett as och jag ska förr eller senare slå tillbaka.*

Terapeuten berättade då om Jesus och att han predikade om att slår någon dig på din högra kind så vänd ock den vänstra till. En kvinna, som var på terapin för första gången, upphov sin röst och sa: Jävla tjafs. Gamla Testamentet talar om Öga för öga och tand för tand. Varför kan vi inte likaväl följa Gamla Testamentets uttalande som det som Jesus proklamerar i Nya Testamentet?

För en gång svikare, är alltid en svikare. Förtroende går inte att återställa. Har någon en gång svikit så har personen visat att usel moral och svek är en del av personens karaktär, varför personen heller aldrig ska kunna återvinna förtroendet.

Liksom i exemplet kring kvinnomisshandel ovan. Den som en gång lyft sin hand och slagit en kvinna kommer att slå igen, oavsett ord. Det är det enda vapen den personen besitter och förmår hantera en kris med. Det är ett inbyggt karaktärs- och beteendefel. Den typen av personer har du aldrig råd med som aktivist där du behöver människor omkring dig som du vet du kan lita på. Inte bara lita på. Lita 100 % på!

För som aktivist kan tilliten vara den enda skillnaden som gör att du kan fortsätta ditt arbete eller rentav överleva. Så chansa aldrig – har en person visat en svekfull moral så lämna honom/henne på den breda vägen och gå vidare på den smala vägen.

Ångra aldrig någonting ur det förflutna

De gärningar och handlingar du gjort i det förflutna har byggt och skapat dig. De har gjort dig till den du är idag. De har lett dig till just den plats och det ställe där du befinner dig idag. Är du nöjd med dig själv, med var du är och gör idag så ångra ingenting, gå vidare på den inslagna vägen och fortsätt framåt utan att någonsin se dig tillbaka.

För hade du handlat annorlunda i det förflutna hade dina erfarenheter lett dig på andra vägar och via andra vägar hade du aldrig kunnat stå på den plats du är nu i livet och inte varit den du idag är. Endast slutresultatet av ditt förflutna är viktigt och det är den plats du befinner dig på i nuet.

Den unika mix av exempelvis dåliga eller goda förhållanden, engångsligg, tveksamma eller brottsliga handlingar, felval eller korrekta val, bra eller dåliga arbeten, barn, partners, alla händelser och upplevelser har tillsammans skulpterat fram den person som du är idag. Varje enskild ingrediens har betydelse och hade gjort smeten annorlunda och därmed det färdiga bakverket. Allt du gjort har sammansmält till din bestämning, den person du är idag.

Kampskrifter

Vill du vara handen i handsken eller en frilevande hand?

Vill du vara den typen av människa som passar in i samhällets givna form och perfekt fyller ut handsken?

Är du så bunden till släkt, anseende och ägodelar? Är du så rädd för att avvika och mista din otadliga ställning att du inte förmår annat än att vara handen i de härskandes handske? Förstår du då inte att du genom att vara så rädd att mista allt också har bundit ris till dig själv och förlorat din själ?

De frilevande händerna behöver ej tänka eller frukta konsekvenserna av ett nederlag. För nederlaget och den verklighet de lever under är ett och samma.

De är inte bundna till vare sig samhället eller släkt, anseende, ägodelar eller ställning. De äger inget de kan förlora. De har gjort sig kvitt allt för att kunna vara en frilevande hand. De vilar tryggt i sig själva och deras själar lever och spelar. De vill kriget och segern. Därför är de också oberörbara och omöjliga att besegra.

De väljer sina krig och sina slag. Sparar kraft till de väsentliga slagen. De som spelar roll. De som har vikt! För en kamp, ett krig handlar aldrig om vem som vinner flest slag. Krig handlar uteslutande om vem som vinner det sista slaget! Och, vinnaren är alltid den som inget har att förlora.

Var Eken och aldrig röet

Människan väljer och vrakar och oftast väljer hon röets skepnad. Det simpla livet där hon krymper, kröker rygg och lyfter hatt när fogdar, fabriks-/godsägare passerar.

Du som vill nåt mer, nåt annat – Du måste bli eken. Du måste lära dig stå stadigt i alla stormar och inte låta dig böjas och knäckas. Du måste genomleva stormarna. Inte genom att böjas eller knäckas utan genom att kämpa emot, strida, blöda, offra en gren eller två för missionen. Men alltid stå emot.

Välja kampen, luta dig mot stormen och inte ifrån. Och när stormen väl är över måste du ruska på kronan och gå vidare. Ty för varje strid lär du dig något och gror än starkare än förut. Du blir segare och viljestarkare.

Du måste genomleva tusentals strider och stormar och fortfarande stå kvar. Du måste lära dig över tid att låta den grymma stormen gå emellan dina blad och grenar utan att ens kunna röra dig. Först när du är eken är du en segrare. Bli eken!

En kamp för fri- och rättigheter är alltid ett krig

När du inleder din kamp för fri- och rättigheter, så vet att
en kamp för fri- och rättigheter alltid är mer än en kamp.
Det är ett krig! Du måste väpna dig mentalt för en lång,
bitter och svår kamp mot en fiende som så snart den inser
att du menar allvar och är en trovärdig fiende, också
kommer att slå tillbaka.

Och fienden vars makt du hotar slåss ej med blanka vapen.
Fienden slåss aldrig med rena vapen. Varje människa som
föds och växer upp till att bjuda motstånd mot makten blir
lovligt byte och kommer att bli smutskastad, misstänklig-
gjord eller till och med fängslad på sagolika påhittade skäl
alternativt råka ut för konstruerade bevis av värsta sort.
För fienden vill inte bara oskadliggöra utan förstöra och
förgöra dig och allt du står och kämpar för. Du kommer att
bli utsatt för förtal offentligt i media, inför dina vänner och
älskade. Du kommer att bli dragen i smutsen.

Vad som än sker får du dock aldrig sänka dig till fiendens
nivå och ta till smutsiga vapen. Då har du förlorat kampen.
och är ej bättre än fienden. Du är neutraliserad och oavsett
hur rätt du har i sak kan du ej längre vinna stöd för saken.

Du måste stå stadigt i stormen och med lugn och värdig-
het, med saklighet och fakta, bemöta alla påhopp. Du
måste hela tiden hålla dig till sakens ändamål och fortsätta
att diskutera sak och inte tvingas in i en ringhörna du ej
kan ta dig bort ifrån. Då förlorar du dig själv, din själ och
målet för kampen.

Kom ihåg att det inte är du som angrips. Det är den sak du
står för. Fienden försöker villa bort att de har fel i sak

genom att smutskasta din person och därvid tysta sakdebatten. Håll fokus på sakfrågan du kämpar för och minns att det vanliga folket är på din sida och om du inte schabblar bort kampens innehåll så kommer du att vinna. För ett kamp är ett utnötningskrig med många slag där vinnaren är den som vinner det sista slaget och inte det första och inte de flesta, utan det sista!

Jag har köpt mig en stadig spade och jag har grävt länge och djupt. Jag har grävt en skyttegrav och fyllt upp med proviant för årtionden framåt. Jag har förberett mig mentalt för ett utnötningskrig som kan pågå i decennier. Men jag har ingenting annat att göra. Jag skall ingenstans. Jag stannar här, för denna kampen är mitt liv och min strid och den skall jag kämpa ut!

Frihetskampen är för alltid

Frihetskampen tar aldrig slut och dör aldrig. Aktivister må dö men kampen lever vidare i andra. Arbetet lever vidare i annan form med andra människor. Andra skall föra kampen vidare i vår anda, längs vår väg med våra eller med nya verktyg. Så dör aldrig kampen för frihet. Så dör aldrig aktivisten! Så dör aldrig aktivistens arbete. Det är för alltid. Det består.

Även om kampen är segerrik och resulterar i frihet och återställande av förtrycktas fri- och rättigheter så låt dig inte luras och tro att kampen är över. Segrar är aldrig för evigt bestående. Kampen kan mattas under tid men återuppstår igen av nödvändighet. För det kommer alltid att uppstå nya hot. Det kommer alltid att finnas människor som inte accepterar att andra människor erhåller fulla fri- och rättigheter. Friheten måste således inte bara vinnas. Den måste också försvaras dagligen om den ska bestå. Vid seger ändras bara villkoren för kampen samt kampens element. Men kampen för fri- och rättigheter är för alltid.

My mama always used to tell me: 'If you can't find somethin' to live for, you best find somethin' to die for. Tupac Shakur, amerikansk rappare, 1971-1996

Revolution is a serious thing, the most serious thing about a revolutionarys life. When one commits oneself to the struggle, it must be for a lifetime. Angela Davis

Juridik & Datasäkerhet

Proton - Gratis säker mejl, VPN och molntjänst

Med Proton kan du bygga upp ett väldigt säkert skydd för din information, din kommunikation och för dina dokument. Ett skydd som alla som arbetar med journalistik, skriver om känsliga saker samt aktivister är i stort behov av. Väldigt många människorättsaktivister och människorättsorganisationer använder endast Proton för att vara säkra.

Proton erbjuder alla dessa tjänster med militär kryptering. Du kan skapa en gratis mejltjänst utan identifikationskrav och när du gjort det få tillgång till en gratis VPN-tjänst samt gratis molntjänst där du kan lagra känslig information krypterat. Laddar du därtill ner Tor Browser för surfing tillsammans med Proton VPN så jobbar du under väldigt starkt, militärt krypterat skydd. Jobbar du inom en organisation kan du kontakta Proton så får du hjälp att bygga upp upp din verksamhet med full säkerhet och kryptering.

På grund av den teknik som Proton använder kan inte ens företaget identifiera dig och all form av info du skickar är krypterad. Proton själva uttrycker enligt följande: *As a result, even if ProtonMail was forced to turn over all our computer systems, email contents will continue to be encrypted. These technical safeguards are the strongest privacy protections because unlike national laws, the laws of mathematics cannot be changed or altered.*

Du kan aldrig vara nog försiktig som aktivist. Ju framgångsrikare du blir i kampen för människors rättigheter, ju mer påpassad, övervakad, motarbetad och trakasserad kommer du att bli. Och kom ihåg det gamla ordspråket: Bara för att du är paranoid innebär det inte att du inte är förföljd.

Vidare info: https://protonmail.com/

https://protonmail.com/security-details

https://protonmail.com/blog/switzerland/

Folk kommer att ta avstånd från dig offentligt och myndigheter kommer att göra allt för att tysta och störa ut dig

När myndigheter inser att du når fram och ut till folket kommer du att bli motarbetad på allvar. De kommer att försöka störa ut och bort dig från arenan du arbetar på. De kommer att sätta press på dina vänner och släktingar att ta avstånd och avsvärja sig dig offentligt. De kan komma att erbjuda dom pengar, förmåner eller istället hota dom med besvär eller avsked på jobbet, skatterevisioner, tillstånds-indragningar m.m.

Du själv kan som person utsättas för än värre saker från myndigheternas sida såsom påringningar till arbetsgivare, hyresvärdar, dagis- och fritidsföreståndare där de alla blir "informerade" om vad och vem du är som aktivist samt hotade med olika åtgärder om de ej avskedar dig eller försvårar ditt liv på olika sätt. Du kan utsättas för "ano-nyma" orosanmälningar till socialnämnden, bli utsatt för skattekontroller, banker kan bli väldigt frågvisa kring in- och utbetalningar till dina konton m.m.

Du kan utsättas för intensiv övervakning i form av hemlig dataavläsning på mobil och dator, hemlig telefonavlyss-lyssning, hemlig kameraövervakning och hemlig rums-avlyssning (buggning) m.m. Du kan komma att bli kropps-visiterad i olika sammanhang, inklusive kropps- och väsk-undersökning, få din mobil beslagtagen, du kan bli stoppad av påhittad anledning och få ditt fordon genom-gånget. Det finns otaliga sådana här lagliga eller olagliga medel för myndigheter att ta till för att tysta dig och stop-pa din verksamhet. Det handlar om trakasserier för att skrämma dig till tystnad. Kom dock ihåg att de kan störa och skrämma dig men de kan likväl inte tysta dig om du inte själv väljer att bli tystad. Du måste ha begått direkta lagbrott för att de ska kunna komma åt dig rent juridiskt, i Sverige. I andra länder där demokrati inte råder finns möjligheter att på olika sätt till och med utan rättegångar stoppa oönskade aktivister. I Sverige finns dock inte sådana möjligheter, inte än...

Dokumentera alla övergrepp och trakasserier

Om och *När* du kommer till den nivån att du blir förföljd, övervakad och trakasserad av myndigheterna så för journal och anteckna datum, tid, plats och exakt vad du utsatts för. Anteckna också allt du kan finna ut omkring olika påtryckningar från myndigheter mot andra personer gällande dig och ditt arbete samt vad du själv som person utsatts för.

Polisen har dokumentationsplikt att skriva protokoll enligt Polislag 27 om de utsätter dig för kroppsvisitation av person och medhavd väska eller husrannsakan i fordon. Ur protokollet ska framgå utefter vilken paragraf i Polislagen du utsatts för tvångsmedel samt utefter vilka konkreta omständigheter eller misstankar, tvångsmedel har använts mot din person.

Utsätts du istället för husrannsakan av dator per distans eller bostad utefter Rättegångsbalken 28:9 och 28:13 eller utefter 27:13 för beslag kan du begära ut protokoll från Polisen enligt Rättegångsbalkens ovanstående paragrafer. Detta gäller även för Mobilbeslag och genomsökning av mobilen, blodprovstagning/urinprov, DNA-topsning (vilket faller under kroppsbesiktning) liksom kropps-besiktning där du tvingas klä av dig. OBS! Tagning av Fingeravtryck eller fotografering av dig får bara ske om du är anhållen eller häktad.

När du fått ut protokoll över tvångsmedelsanvändning mot dig kan du anmäla tvångsmedelsanvändandet mot dig till JO eller JK. JO utreder mellan 8-10 % av de anmälningar som inkommer årligen. JK utreder alla skadestånds-yrkanden som uppgår till minst 10 000 kronor. Därför adresserar du anmälan till JK och begär 10 000 kronor per använt tvångsmedel mot din person. Du anmäler då också trakasserierna du utsatts för. Trakasseri faller under Europakonventionen, artikel 8 om rätten till privatliv.

Hur man effektivt driver rättsfall för brott mot internationella konventioner

Den svarta medborgarrättskämpen, Malcolm X insåg redan på 1960-tal att är du förföljd, trakasserad eller diskriminerad i ditt land kommer du inte heller att vinna rättvisa genom nationella domstolar och domslut. Du måste föra upp din sak på internationell nivå genom att använda dig av de internationella konventionerna och rättsliga organen.

I Sverige kan du som enskild person eller som organisation/rörelse förfara på två olika vis.

1. Du kan stämma staten eller myndigheten för brott mot någon av de fyra konventionerna länkade till nedan. Du begär skadestånd och yrkar på vilka paragrafer i rätts-instrumenten du/ni anser stat eller myndighet kränkt er/era rättigheter. Det är ett långsamt och också väldigt kostsamt förfarande då du/ni riskerar att få betala både egna kost-nader samt motpartens kostnader. I tre olika rättsprocesser som vanligtvis brukar ta cirka två år kan det handla om flera miljoner kronor i kostnader och motparten kan mycket väl göra allt för att processen ska gå så långsamt som möjligt samt kalla in experter på området som kan ta furstligt betalt för att lämna utlåtanden, skriva samman-fattningar, medverka under rättsförhandlingar såsom experter m.m.

Du som har rättsskydd i hemförsäkringen kan utnyttja denna och få försäkringsbolaget att stå för 75-80 % av kostnaden som dock likväl kan bli väldigt hög och betungande. Välj inte alternativ 1. Det är dyrt, du slösar tid och du kommer högst troligt inte att få rätt då du som tidigare sagts _är_ motarbetad av staten.

2. Det andra alternativet är enkelt, tar cirka ett år och du kan till och med själv författa det rättsliga dokumentet av behov, helt gratis. Du riktar dig direkt till Justitiekanslern, som utgör ett _effektivt nationellt rättsmedel_ vilket är kravet för att kunna föra ärendet vidare upp på Europanivå senare. Du framställer ett yrkande på skadestånd på minst 10 000 kronor, utefter de konventionsartiklar/stadgebrott du anser staten/kommunen har förbrutit sig emot, och framlägger de bevis i sak du har. Du anför Skadestånds-lagen 3:4 som grund för skadestånd och anför på vilket sätt och mot vilken konventionsartikel du anser stat/kommun brutit emot.

JK utreder skadeståndsyrkandet och staten/kommunen yttrar sig över anklagelserna varefter du får en möjlighet att svara på yttrandet som inkommit. Därefter fattar JK ett beslut cirka 1 år efter anmälan inkommit. Du har då liksom i det första dyra alternativet uttömt de nationella rättsliga medlen vilket är kravet för att kunna föra saken upp till internationell nivå. Detta alternativet är således gratis, alternativt billigt i förhållande om du behöver juridiskt ombud för att författa ditt skadeståndsyrkande, och det tar 1 år istället för två år enligt första alternativet. Du slipper också helt ifrån rättegångskostnaderna i tre olika instanser då du valt ett gratis förfarande.

Hur du förfar med att överklaga till internationella organ

Nästa steg är att inom fyra månader överklaga, om du anfört Europakonventionen som instrument som staten eller kommunen förbrutit sig emot. Du överklagar då till

Europadomstolen. Du kan själv författa överklagan men behöver en advokat från landet du bor i, att föra din muntliga talan inför domstolen. Väntetiden är dock väldigt lång innan dom kommer. 8-12 år där 10 år är genomsnittet.

Anmälningsformulär:
https://echr.coe.int/Pages/home.aspx?p=applicants/forms/s we LINK "https://echr.coe.int/Pages/home.aspx? p=applicants/forms/swe&c"c" HYPERLINK =

Har du anfört EU:s stadga om de grundläggande rättig-heterna eller Lissabonfördraget (med antagandet av Europakonventionen) så driver du ett Överträdelseärende till EU-kommissionen för granskning och utredning om Sverige har överträtt EU-rätten eller brutit mot EU-stadgan. Anmälningsformulär:
https://ec.europa.eu/assets/sg/report-a-breach/complaints_s v/index.html

Har du anfört FN:s Internationella konvention om med-borgerliga och politiska rättigheter eller FN:s Allmän förklaring om de mänskliga rättigheterna så överklagar du till Human Rights Committee, c/o OHCHR-UNOG, 12 11 Geneva 10, Switzerland. Du kan här välja mellan muntlig eller skriftlig behandling av ärendet.

Europakonventionen:
https://www.echr.coe.int/Documents/Convention_SWE.pd f

EU:s Stadga om de grundläggande rättigheterna:
https://eur-lex.europa.eu/LexUriServ/LexUriServ.do? uri=OJ:C:2010:083:0389:0403:sv:PDF

Om Europadomstolsanmälan:
https://echr.coe.int/Pages/home.aspx?p=applicants/swe

FN:s konventioner om medborgerliga och politiska rättigheter:
https://fn.se/wp-content/uploads/2016/08/Konventionen-om-medborgerliga-och-politiska-r%C3%A4ttigheter.pdf

FN:s Allmänna förklaring om de mänskliga rättigheterna:
https://www.ohchr.org/en/human-rights/universal-declaration/translations/swedish-svenska?LangID=swd

Om klagomål till FN: https://fn.se/vi-gor/vi-utbildar-och-informerar/fn-info/vad-gor-fn/fns-arbete-med-manskliga-rattigheter/individuella-klagomal/

Handbok i europeisk diskrimineringsrätt:
https://fra.europa.eu/sites/default/files/fra_uploads/1510-
FRA_CASE_LAW_HANDBOOK_SV.pdf

Läsning m.m.

Vikten av att läsa

Det är av största vikt att läsa som aktivist av många anledningar. Du får per automatik både ett förbättrat ordförråd och en förbättrad känsla för språket. Två saker som i förlängningen gör dig till en bättre skribent. Oavsett om ditt aktivistarbete innebär författande av artiklar eller böcker har du stor nytta av både ett förbättrat språk såväl som skrivkänsla även när du författar informationstexter på en hemsida, skriver broschyrtext m.m.

De flesta aktivister har en viss utbildning men många är till största delen ändå autodidakter, självlärda. De läser och förkovrar sig utefter en egen frivillig studieplan. Börja läsa de böcker du själv tycker du bör läsa. Böcker du verkligen vill läsa då läsande aldrig skall ske under tvång. Det måste vara lustfyllt och ske med glädje. Annars tröttnar man mentalt på att läsa. Det blir trägit och man vare sig lär sig eller tar till sig kunskap.

Läs gärna böcker om och av frihetskämpar och människorättsaktivister. Många skribenter, journalister såväl som författare har varit eller är människorättsförsvarare eller aktivister. Skrivandet är deras verktyg att få ut sitt budskap, kanske smyga in budskapet i en skönlitterär roman. Andra skriver direkta politiska böcker i en mer faktabetonad genre. Oavsett kommer läsningen att bli lustfylld och givande då du via eget aktivistarbete har igenkänningsfaktorn vilket är väldigt viktigt vid läsande. Då lär du dig också på ett lätt och lustfyllt sätt utan att läsandet någonsin blir ett tvång. Det viktigaste är att du läser men kan du samtidigt ha nytta av det i ditt aktivist-arbete så är det en än större premie.

Så läs dig medveten. Studera medvetet och medvetandegör dig om olika folks och personernas levnadsförhållanden. Men ha alltid som ledstjärna att välja böcker du vill läsa och känner att du får ut något av. Tvinga dig inte att läsa en bok som är tråkig så du dödar läslusten.

Aktivistens Kulturkanon

Här nedan följer tips på författare och konkreta böcker och skrifter i avsikt att läsa sig medveten. Författarens läs-och kulturkanon. Självklart fattas det en hel del författare och böcker. Det är ett subjektivt urval som dock fyller sin funktion i uppstarten av aktivistarbetet.

Bry dig inte om att köpa inbundna böcker. Köp så billiga upplagor som möjligt. Syftet är att skapa och samla på sig ett läsbibliotek för användning och ej för uppvisning. Du ska kunna stryka under och göra anteckningar i böckerna. Du ska inte bara läsa utan arbeta med böckerna. Böckerna ska bli verktyg, referens-, uppslags- och arbetsmaterial i ditt arbete. Inhandla böcker på second hand eller *Bokbörsen* för lägsta pris.

Aktivistens Litteratur, film och tv-seriekanon En kulturkanon

Björn Afzelius: *En gång i Havanna, 95 sånger, Hela låt-katalogen 1974-1999*

Svetlana Aleksijevitj

Isabel Allende: Zarités frihet m.fl.

Maya Angelou

Julian Assange: *Memoarer är prostitution*

Simone de Beauvoir: *Det andra könet m.fl.*

Inga Blomberg: *Sinnesslövårdens historia i korta drag*

Fredrika Bremer: *Hertha m.fl.*

Karin Boye: *Kallocain*

Ray Bradbury: *Fahrenheit 451*

Charta 77, Dokument om människorätt i Kafkas Prag

Laetitia Colombina: *Flätan, Krigarinnor*

Stig Dagerman: *Dagsedlar m.fl.*

Angela Davis: *If They Come in the Morning: Voices of Resitance, Women, Race and Class, Women, Culture and Politics, Abolition Democrazy* och *Are Prisons Obsolete?*

Jason Timbuktu Diakité: *En droppe midnatt*

Mao Ze Dong: *Maos lilla röda*

Maja Ekelöf: *Rapport från en skurhink*

Kerstin Ekman: *Menedarna m.fl.*

Stig Ericsson: *Den röda vägen*

Annie Ernaux

Per-Anders Fogelström: *Stadserien del 1-5, Kamrater-serien del 1-4*

Anne Frank: *Anne Franks Dagbok*

Jan Fridegård

Jonas Gardell: *Torka aldrig tårar utan handskar Del 1-3, Ett lyckligare år* m.fl.

Nadine Gordimer

Che Guevara: *Handbok för gerillakrig, Dagbok från Bolivia m.m.*

Jan Guillou: *Kolumnisten, Ordets makt och vanmakt. Att skriva i onda tider, Åsikter, Häxornas försvarare*

Ensaf Haidar: *10 år och 1000 piskrapp*

Alex Haley: *Rötter, Malcolm X*

Aldous Huxley: *Du sköna nya värld*

Joan Jara: *Victor – En sång för livet*

Elfriede Jelinek

Erik Johansson: *Fabriksmänniskan*

Ivar Lo Johansson

Franz Kafka: *Domstolen, Processen m.fl.*

Martin Luther King: *Vägen heter Icke-våld*

Sara Lidman

Mian Lodalen: *Lesbiska Ligan*

Nelson Mandela: *Den långa vägen till frihet*

Karl Marx och Friedrich Engels: *Det kommunistiska Manifestet*

Michael Moore

Toni Morrison

Jan Myrdal: *Ord & Avsikt, Samtida, Rapport från en kinesisk by, En illojal europés bekännelser, Skriftställning 1-21 m.fl.*

Mende Nazer & Danien Lewis: *Slav*

George Orwell: *1984, Djurfarmen*

Göran Palm: *Vad kan man göra? m.fl.*

Olof Palme: *Politik är att vilja, Att vilja gå vidare*

Salman Rushdie: *Satansverserna m.fl.*

Åsne Seierstad: *Bokhandlaren i Kabul*

Sarita Skagnes; *Bara en dotter*

Mohamedou Ould Slahi: *Guantanamo – En Dagbok*

Edward Snowden: *Storebror ser dig*

Aleksander Solstjenitsyn: *Cancerkliniken, En kalv med eken stångades, Gulagarkipelagen m.fl.*

Gloria Steinhem: *Outrageous Acts and Everyday Rebellions, Revolution from Within m.fl.*

Harriet Beecher Stowe: *Onkel Toms stuga*

August Strindberg: *Röda Rummet* m.fl.

Kjell Sundstedt: *Till Gertrud*

Katarina Taikon: *Zigenerska, Zigenare är vi*

Sojourner Truth: *A Northern Slave*

Mattias Tydén: *Från politik till praktik: De svenska steriliseringslagarna 1935-1975*

Lars Ulvenmark: *Harlem Harlem*

Gunther Wallraff: *13 icke önskvärda reportage* m.fl.

Mikael Wiehe: *Aldrig bli som ni*

Industrial Workers of The World: *The Little Red Songbook*

Elin Wägner: *Norrtullsligan, Pennskaftet, Väckarklockan*

Tad Szulc: *Castro* En bok som är högintressant i de delar där den skildrar den totala omvandlingen och uppbygg-naden av det Kubanska samhället efter revolutionen samt Castros sätt att via offentliga tal låta folket ge bifall eller avslå viktiga förslag. En sorts folkets direktdemokrati.

Aktivstens film- och tv-seriekanon

Filmer

Never look away

Hidden life
Alone in Berlin

Nina (med Zoe Salander)
Fair Game
En kvinna bland män

The Post
The Pentagon papers
Alla presidentens män

Billie Holiday vs United States
Gunman
Truth matters

Frihetens pris
In my fathers name
Pussy Riot: Raseriet mot Putin

The way back
The East
Vigilante

12 years as slave
Missisippi
Roe mot Wade

Nothing Compares – en film om Sinéad O´Connor
En kvinnas val (Saudiarabien)
Erica Jong – Författaren och det knapplösa knullet

Green Zone
The Trick
The Trust Fall: Julian Assange Documentary

One Life
Attica
Schindlers List

Överlagt Mord
Dox: Övervakad (Dokumentär)
Harriet

Katarina Blums Förlorade Heder
New Order
If Beale Street Could Talk

The Nightingale
Erin Bronkovich
The Survivor (2022)

Mauritaniern
De Förbannade Åren 1&2
Colonia

Escape From Pretoria
Kings
Den 12:e Mannen

Malcolm X
Lämna Inga Spår
The Secret Man

I morgon hela världen
Censurerad
Burning In Both Ends

Låt Älven Leva
Bob Marley: One Love

Freeheld

Serier

Rötter
Small Axe, 5 olika filmer
Visselblåsaren – en läkares kamp

Hunger Games 1-4